Kindergärtner Benno Hocke

Mein Hassbuch

Das genaue Gegenteil eines Poesiealbums

Bibliografische Information der Deutschen Nationalbibliothek
Die Deutsche Nationalbibliothek verzeichnet diese Publikation in der Deutschen Nationalbibliografie; detaillierte bibliografische Daten sind im Internet über http://dnb.d-nb.de abrufbar.

ISBN: 9783757804695

Copyright (2023) Herold zu Moschdehner
Herstellung und Verlag: BoD - Books on Demand, Norderstedt
Alle Rechte bei dem Autoren.

19,99 Euro

Dir gehen Deine Mitschüler auf den Keks oder Deine Arbeitskollegen auf den Senkel?
Lass Sie einfach in dieses Buch schreiben. Vielleicht ändert es ja irgendwas oder sie heben sich irgendwie hervor. Glaub ich natürlich auch nicht, aber vielleicht ist es lustig.

Es ist einfach das Gegenteil eines Poesiealbums. Eben ein Hassalbum.

Viel Spaß.
Herold zu Moschdehner

Mein Name ist _____

Und ich freue mich, dass Du in mein Hassbuch schreiben möchtest. Wahrscheinlich hasst Du mich auch und so danke ich Dir, für den beschissenen Gleichklang.

Du findest ein paar Möglichkeiten Dich auszuleben. Ich freu mich drauf.

Pro vollgeschriebene Seite musst Du mir 6 Euro geben.

Dein

_____

1.

Ich bin _____

Das kann ich nicht:

Schimpfwörter, die ich oft hören musste:

Ich hab Schwierigkeiten mit:

Male Deine dicke Mutter:

Male Deinen Penis oder Deine Vagina:

Du schuldest mir 18 Euro!

2.

Ich bin _____

Das kann ich nicht:

Schimpfwörter, die ich oft hören musste:

Ich hab Schwierigkeiten mit:

Male Deine dicke Mutter:

Male Deinen Penis oder Deine Vagina:

Du schuldest mir 18 Euro!

3.

Ich bin _____

Das kann ich nicht:

Schimpfwörter, die ich oft hören musste:

Ich hab Schwierigkeiten mit:

Male Deine dicke Mutter:

Male Deinen Penis oder Deine Vagina:

Du schuldest mir 18 Euro!

4.

Ich bin _____

Das kann ich nicht:

Schimpfwörter, die ich oft hören musste:

Ich hab Schwierigkeiten mit:

Male Deine dicke Mutter:

Male Deinen Penis oder Deine Vagina:

Du schuldest mir 18 Euro!

5.

Ich bin _____

Das kann ich nicht:

Schimpfwörter, die ich oft hören musste:

Ich hab Schwierigkeiten mit:

Male Deine dicke Mutter:

Male Deinen Penis oder Deine Vagina:

Du schuldest mir 18 Euro!

6.

Ich bin _____

Das kann ich nicht:

Schimpfwörter, die ich oft hören musste:

Ich hab Schwierigkeiten mit:

Male Deine dicke Mutter:

Male Deinen Penis oder Deine Vagina:

Du schuldest mir 18 Euro!

7.

Ich bin _____

Das kann ich nicht:

Schimpfwörter, die ich oft hören musste:

Ich hab Schwierigkeiten mit:

Male Deine dicke Mutter:

Male Deinen Penis oder Deine Vagina:

Du schuldest mir 18 Euro!

8.

Ich bin _____

Das kann ich nicht:

Schimpfwörter, die ich oft hören musste:

Ich hab Schwierigkeiten mit:

Male Deine dicke Mutter:

Male Deinen Penis oder Deine Vagina:

Du schuldest mir 18 Euro!

9.

Ich bin _____

Das kann ich nicht:

Schimpfwörter, die ich oft hören musste:

Ich hab Schwierigkeiten mit:

Male Deine dicke Mutter:

Male Deinen Penis oder Deine Vagina:

Du schuldest mir 18 Euro!

10.

Ich bin _____

Das kann ich nicht:

Schimpfwörter, die ich oft hören musste:

Ich hab Schwierigkeiten mit:

Male Deine dicke Mutter:

Male Deinen Penis oder Deine Vagina:

Du schuldest mir 18 Euro!

11.

Ich bin _____

Das kann ich nicht:

Schimpfwörter, die ich oft hören musste:

Ich hab Schwierigkeiten mit:

Male Deine dicke Mutter:

Male Deinen Penis oder Deine Vagina:

Du schuldest mir 18 Euro!

12.

Ich bin _____

Das kann ich nicht:

Schimpfwörter, die ich oft hören musste:

Ich hab Schwierigkeiten mit:

Male Deine dicke Mutter:

Male Deinen Penis oder Deine Vagina:

Du schuldest mir 18 Euro!

13.

Ich bin _____

Das kann ich nicht:

Schimpfwörter, die ich oft hören musste:

Ich hab Schwierigkeiten mit:

Male Deine dicke Mutter:

Male Deinen Penis oder Deine Vagina:

Du schuldest mir 18 Euro!

14.

Ich bin _____

Das kann ich nicht:

Schimpfwörter, die ich oft hören musste:

Ich hab Schwierigkeiten mit:

Male Deine dicke Mutter:

Male Deinen Penis oder Deine Vagina:

Du schuldest mir 18 Euro!

15.

Ich bin _____

Das kann ich nicht:

Schimpfwörter, die ich oft hören musste:

Ich hab Schwierigkeiten mit:

Male Deine dicke Mutter:

Male Deinen Penis oder Deine Vagina:

Du schuldest mir 18 Euro!

16.

Ich bin _____

Das kann ich nicht:

Schimpfwörter, die ich oft hören musste:

Ich hab Schwierigkeiten mit:

Male Deine dicke Mutter:

Male Deinen Penis oder Deine Vagina:

Du schuldest mir 18 Euro!

17.

Ich bin _____

Das kann ich nicht:

Schimpfwörter, die ich oft hören musste:

Ich hab Schwierigkeiten mit:

Male Deine dicke Mutter:

Male Deinen Penis oder Deine Vagina:

Du schuldest mir 18 Euro!

18.

Ich bin _____

Das kann ich nicht:

Schimpfwörter, die ich oft hören musste:

Ich hab Schwierigkeiten mit:

Male Deine dicke Mutter:

Male Deinen Penis oder Deine Vagina:

Du schuldest mir 18 Euro!

19.

Ich bin _____

Das kann ich nicht:

Schimpfwörter, die ich oft hören musste:

Ich hab Schwierigkeiten mit:

Male Deine dicke Mutter:

Male Deinen Penis oder Deine Vagina:

Du schuldest mir 18 Euro!

20.

Ich bin _____

Das kann ich nicht:

Schimpfwörter, die ich oft hören musste:

Ich hab Schwierigkeiten mit:

Male Deine dicke Mutter:

Male Deinen Penis oder Deine Vagina:

Du schuldest mir 18 Euro!

21.

Ich bin _____

Das kann ich nicht:

Schimpfwörter, die ich oft hören musste:

Ich hab Schwierigkeiten mit:

Deine dicke Mutter:

Male Deinen Penis oder Deine Vagina:

Du schuldest mir 18 Euro!

23.

Ich bin _____

Das kann ich nicht:

Schimpfwörter, die ich oft hören musste:

Ich hab Schwierigkeiten mit:

Male Deine dicke Mutter:

Male Deinen Penis oder Deine Vagina:

Du schuldest mir 18 Euro!

24.

Ich bin _____

Das kann ich nicht:

Schimpfwörter, die ich oft hören musste:

Ich hab Schwierigkeiten mit:

Male Deine dicke Mutter:

Male Deinen Penis oder Deine Vagina:

Du schuldest mir 18 Euro!

25.

Ich bin _____

Das kann ich nicht:

Schimpfwörter, die ich oft hören musste:

Ich hab Schwierigkeiten mit:

Male Deine dicke Mutter:

Male Deinen Penis oder Deine Vagina:

Du schuldest mir 18 Euro!

26.

Ich bin _____

Das kann ich nicht:

Schimpfwörter, die ich oft hören musste:

Ich hab Schwierigkeiten mit:

Male Deine dicke Mutter:

Male Deinen Penis oder Deine Vagina:

Du schuldest mir 18 Euro!

CPSIA information can be obtained
at www.ICGtesting.com
Printed in the USA
LVHW081117070223
738796LV00016B/2006